© حقوق الطبع والنشر 2024 - جميع الحقوق محفوظة

لا يجوز إعادة إتاج المحتوى الوارد في هذا الكتاب أو تكراره أو نقله دون إذن كتابي مباشر من المؤلف أو الناشر.

لن يتم تحت أي ظرف من الظروف إلقاء أي لـوم أو مسؤولية قانونية ضد الناشر أو المؤلف عن أي أضرار أو تعويضات أو خسارة مالية بسبب المعلومات الواردة في هذا الموجز ؛ إما بشكل مباشر أو غير مباشر.

إشعار قانوني:

هذا الكتاب محمي بحقوق الطبع والنشر. هذا الكتب للاستخدام الشخصي فقط. لا يمكنك تعديل أو توزيع أو بيع أو استخدام أو قتباس أو إعادة صياغة أي جزء أو المحتوى الموجود في هذا الكتاب دون موافقة المؤلف أو الناشر.

إشعار إخلاء المسؤولية:

يرجى ملاحظة أن المعلومات الواردة في هذا المستند هي للأغراض التعليمية والترفيهية فقط. تم بذل كل جهد ممكن لتقديم معومات دقيقة وحديثة وموثوقة وكاملة. لا يتم لإعلان عن أي ضمانات من أي نوع أو ضمنيا. يقر القراء بأن المؤلف لا يشارك في تقديم المشورة القانونية أو المالية أو الطبية أو المهنية.

الدليل الحديث للإعلانات المدفوعة

لأصحاب الأعمال

مقدمة سريعة لإعلانات Google و Facebook و Instagram و YouTube و TikTok

ترجمة

مرحبا أيها القارئ!

أود أولا أن شير إلى أن هذا الكتاب يهدف إلى أن يكون دليلا سريعا وسهلا لمنصات الإعلان الحديثة التي ستعرفك على المشهد الإعلاني الحديث وتمنحك الأدوات التي تحتاجها للخروج إلى العالم *واستخدام* هذه الأدوات ، بدءا من فور الانتهاء من النص.

إنه ليس دليلا نهائيا ، ولا شاملا في تحليله. إذا كان هذا هو ما تبحث عنه ، أقترح عليك الذهاب إلى مكان آخر. إذا كنت تبحث عن الاساسيات والنصائح والحيل المطلقة لإطلاعك على الموضوع ، فمرحبا بك في *الدليل الحديث للإعلانات المدفوعة لأصحاب الأعمال.*

مقدمة

يمكن للأشخاص والشركات الماهرة في الإعلانات المدفوعة الوصول إلى طابعة نقود. هناك فائض من القنوات الإعلانية المتاحة ، بدءا من Facebook و TikTok إلى Google و YouTube. تهدف معظم الإعلانات إلى بيع منتج أو خدمة ، على الرغم من أن بعض الشركات الكبيرة تدير حملات ضخمة فقط لبناء حسن نية العلامة التجارية. الإعلانات الجيدة المصممة لبيع منتج أو خدمة مربحة مدى الحياة. الربح المتراكم من الإعلانات أكبر من الإنفاق الإعلاني ليس بالضرورة على المدى القصير ولكن مع الأخذ في الاعتبار قيمة العميل المشتقة مدى الحياة (LTV).

نظرا لأن الإعلانات المدفوعة قابلة للتطوير وتصل إلى مئات الملايين من الأشخاص ، فإن إعلانات التعادل أو الإعلانات المربحة هي أداة قيمة بشكل لا يصدق. بالطبع ،

الإعلان عبر الإنترنت ليس سرا ، وليس بالأمر السهل. يعمل العديد من مشغلي الإعلانات بخسارة لدفع حركة المرور والمبيعات إلى منتجاتهم على أمل أن يؤدي التسويق المدفوع في النهاية إلى بناء زخم عضوي.

بغض النظر عن الربحية الموضوعية للإنفاق الإعلاني ، فإن الشخص الذي لديه القدرة على تحسين فعالية إعلانات الشركة ، بغض النظر عن هذه الفعالية ، يستحق دولارات كبيرة لتلك المنظمة. يمكن للشخص الذي يتفوق في الإعلانات المدفوعة أن يقود كميات هائلة من الزيارات المستهدفة إلى مواقع الويب التي يختارها ، ويستخدم العديد من رواد الأعمال الفرديين هذا في مساعيهم الخاصة.

إذن ، ماذا يعني الإعلان المدفوع؟ بشكل عام ، يتضمن الإعلان قمعا. كل قمع إعلاني له عدة مراحل ، ولتي تعرف الناس على العلامة التجارية والأعمال التجارية على أعلى

مستوى ، وتحولهم إلى عملاء يدفعون في أدنى مستوى. لا تحتاج مسارات التحويل دائما إلى التوجيه نحو نقطة شراء ، فقط نحو مؤشرات الأداء الرئيسية المحددة في أقسام العلامة التجارية والاستراتيجية الاجتماعية. على سبيل المثال ، ضع في اعتبارك مسار التحويل التالي للأعمال النظرية:

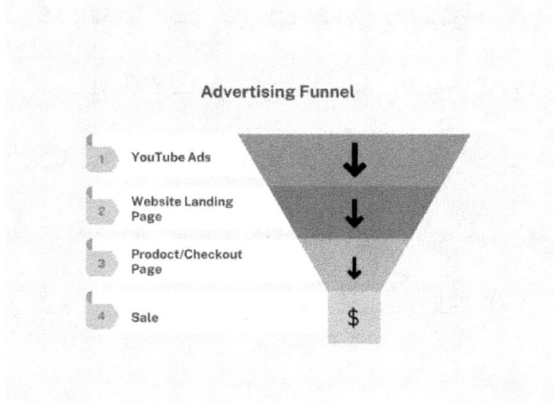

لا يقتصر إنشاء مسارات إعلانية مدفوعة رائعة على الإعلانات فقط. بدلا من ذلك ، يجب تحسين كل خطوة من

خطوات القمع لإيصال أكبر عدد ممكن من الأشخاص إلى المرحلة التالية. في الحالة النظرية ، نفترض أن 1 مليون شخص يشاهدون إعلان YouTube لشركة صغيرة. من بين المليون ، نقر 10000 فقط على الإعلان وتقدم إلى الصفحة المقصودة. بعد ذلك ، يتقدم 1,000 فقط إلى صفحة الخروج من المنتج ، و 100 يتم تحويلها إلى عملية بيع. في أي مرحلة ، يمكن أن تؤثر خطوة سيئة في مسار التحويل (على سبيل المثال ، موقع ويب أو إعلان أو صفحة دفع سيئة) بشكل كبير على النتائج. بهذه الطريقة ، يجب العمل على كل مرحلة لضمان إنشاء أفضل مسار تحويل شامل ممكن. دعنا نستكشف نصائح لإنشاء وتحسين كل خطوة من خطوات مسار التحويل.

يوجد في الجزء العلوي من مسار تحويل الإعلانات المدفوعة إعلان يتم عرضه لمستخدمي وسيط معين ، مثل موقع ويب للتواصل الاجتماعي. عادة ما تكون الإعلانات

هي المرحلة الأقل تحويلا في مسار التحويل بأكمله نظرا لأن المستخدمين يتعرضون بشكل مفرط للإعلانات على معظم الأنظمة الأساسية. بينما سيتم استكشاف موضوع إنشاء الإعلانات بدقة في جميع أقسام النظام الأساسي لكل إعلان، ركز على هذه الأشياء الأساسية في جميع المجالات (وعبر جميع الأنظمة الأساسية) عند إنشاء الإعلانات:

ابتكر مع وضع جمهورك في الاعتبار. أنت لا تنشئ إعلانا للجميع. أنت تنشئ إعلانات مصممة ليكون لها صدى لدى جمهورك (عملائك المستقبليين). حافظ على تركيز هذه المجموعة ومشاكلها المحددة بشكل حاد.

كتابة الإعلانات / التحدث. اعتمادا على التنسيق (صورة ، فيديو ، نص ، إلخ) ، لديك وقت قصير لتوصيل رسالة إلى المشاهدين. في إعلانات الفيديو ، يجب أن يكون لديك خطاف موجز (حسب الطول) ، بينما في الإعلانات

المصورة والنصية ، يعد العنوان الجناب أمرا ضروريا. اعمل على البساطة ودمج شعارات العلامة التجارية المحددة في قسم استراتيجية العلامة التجارية. تأكد ، قبل كل شيء ، من أنك إذا كنت في مكان عميل محتمل ، فستستمر في مشاهدة إعلانك الخص (اسأل بعض الأصدقاء أيضا - قد تكون متحيزا بعض الشيء).

التصميم (المرئيات). تعتمد العناصر المرئية أو الصور على نوع الإعلان الذي تختار إنتاجه. تختلف إعلانات الفيديو بصريا عن الإعلانات الرسومية أو عن الإعلانات النصية. عندما يتعلق الأمر بإعلانات الفيديو ، يجب أن تدعم العناصر المرئية وعناصر التصميم الرسائل والعبارة التي تحث المستخدم على اتخاذ إجراء وتعززها. فكر مرة أخرى في قسم استراتيجية العلامة التجارية وقم بالتصميم الأساسي على تلك الخيارات. ضع في اعتبارك السرعة والطول - فأنت تريد إنتاج إعلان فيديو مدته 15 ثانية فقط

، أو ربما فيديو أطول مدته دقيقتان. سيتم النظر في هذه الخيارات بشكل متعمق في قسم إعلانات YouTube. بالنسبة للإعلانات المستندة إلى الصور ، من الأهمية بمكان أن تدعم العناصر المرئية الرسائل والعبارة التي تحث المستخدم على اتخاذ إجراء للإعلان. اجعلها بسيطة ومتوافقة مع العلامة التجارية.

رسالة. بالإضافة إلى الخطاف الأولي ، تنقل الإعلانات الرائعة التي تركز على المنتج بوضوح قيمة أعمالهم وعروضهم للمشاهدين. يحدد معظمهم مشكلة أو يلمحون إليها ويصفون الحل الذي يتم تقديمه ، غالبا بطريقة تتضمن دليلا اجتماعيا. بغض النظر عن نوع الإعلانات التي تنتجها ، ضع الرسائل في الاعتبار ، واجعلها قصيرة وقوية.

عبارة تحث المستخدم على اتخاذ إجراء. تشجع العبارات التي تحث المستخدم على اتخاذ إجراء العملاء على اتخاذ

الإجراءات المؤدية إلى مؤشر الأداء الرئيسي الخاص بك. قد تتخذ العبارات التي تحث المستخدم على اتخاذ إجراء شكل "اشتر الآن" أو "حجز مكالمة" أو "تعرف على المزيد". مهما كان ، تأكد من أنه واضح بصريا ومباشر. ضع في اعتبارك تقديم نوع من الحوافز يتجاوز عرض القيمة للشركة ، مثل الخصم أو التجربة أو المكافأة ، واهدف إلى زيادة الإلحاح.

بعد التحويلات المستمدة من الإعلانات ، يتم توجيه العملاء عادة إلى صفحة مقصودة من نوع ما. الصفحة المقصودة هي عصر ويب مستقل تم إنشاؤه خصيصا لحملة تسويقية. بدلا من ذلك ، يمكنك توجيه المشاهدين إلى ملف شخصي اجتماعي لنشاطك التجاري تتطلع إلى زيادة عدد المتابعين عليه. عادة ما توجه الصفحة المقصودة المستخدمين إلى المرحلة الأخيرة من مسار التحويل ، سواء كان ذلك الانضمام إلى قائمة بريد إلكتروني أو زيارة الموقع

الجغرافي لمتجر أو شراء منتج عبر الإنترنت. عند إنشاء صفحات مقصودة أو مواقع ويب، ضع في اعتبارك أفضل الممارسات التالية:

توصيل رسالة بوضوح. سينقر معظم الأشخاص على صفحتك المقصودة على الفور تقريبا. يجب أن تحتوي صفحتك على عنوان قوي يضفي قيمة الصفحة بإيجاز (لماذا يجب على المشاهد البقاء). يمكنك استخدام شعار عملك أو تقديم خصم. بغض النظر عن كيفية القيام بذلك ، تأكد من أن شخصا ما في جمهورك المستهدف ليس لديه تعرض سابق لعملك سيرغب في البقاء.

مرئيات نابضة بالحياة ونسخة مقنعة. يرتبط هذا باستراتيجية علامتك التجارية ككل ـ تأكد من أن العناصر المرئية (التي لا بد منها!) وألوان الصفحة المقصودة تنقل أجواء العمل. على سبيل المثال ، إذا كنت وكالة تصميم

داخلي مخصصة ، فيمكنك اختيار اختيار الألوان الفاتحة والودية وصور العملاء وأعضاء الفريق السعداء. إذا كنت تقدم استشارات العمليات للعملاء من الشركات ، فيمكنك استخدام مجموعة ألوان أغمق وأكثر دقة مع مرئيات تعتمد على البيانات. بالإضافة إلى ذلك ، تأكد من متابعة عنوانك بكتابة موجزة ولكن قوية. الشهادات والصور مع العملاء ومرئيات الدليل الاجتماعي (أي شيء يخبرك أنك حقيقي ومحترف) كلها تعمل بشكل جيد.

عبارة قوية تحث المستخدم على اتخاذ إجراء. تدفع عبارة الحث على اتخاذ إجراء مشاهدي الصفحة إلى تنفيذ إجراء يدفعهم إلى أبعد من ذلك على طول مسار التحويل. على سبيل المثال ، "تنزيل" و "احصل عليه الآن" و "حجز مكالمة" كلها عبارة تحث المستخدم على اتخاذ إجراء. تأكد من أن عبارة الحث على اتخاذ إجراء في صفحتك المقصودة واضحة وأن جميع العناصر في الصفحة تقود المشاهدين

إليها. يمكنك تقديم نوع من الخصم أو المكافأة لتشجيع الأشخاص على اتخاذ العبارة التي تحث المستخدم على اتخاذ إجراء.

تأكد من أن عملية الاشتراك في العبارة التي تحث المستخدم على اتخاذ إجراء ليست صعبة. من المؤكد أن النقر فوق "حجز مكالمة" ثم الاضطرار إلى ملء صفحات المعلومات الشخصية ، على سبيل المثال ، سيقلل بشكل كبير من معدلات الاشتراك حتى بمجرد النقر فوق زر الحث على اتخاذ إجراء. بدلا من ذلك ، قم بتبسيط وتقصير تجربة العميل قدر الإمكان بشكل معقول.

لقد استكشفنا الآن خطوات الصورة الكبيرة التي ينطوي عليها إنشاء مسار إعلانات مدفوع - أولا الإعلان ، ثم الصفحة المقصودة ، وأخيرا العبارة التي تحث المستخدم على اتخاذ إجراء والسلوك الناتج. سنتقدم الآن إلى وصف

لأفضل منصات الإعلانات وأفضل الممارسات الجوهرية لكل منها.

إعلانات جوجل

إعلانات Google هي منصة إعلانات محرك البحث المثالية. إنه يقدم إعلانات لـ 70,000 شخص يبحثون عن شيء ما على Google كل ثانية ولأربعة مليارات مستخدم بشكل عام.

يبلغ متوسط نسبة النقر إلى الظهور في إعلانات Google 2٪ ، مما يعني أن مستخدما واحدا من كل خمسين نقرة على إعلان عادي. يستخدم 1.2 مليون نشاط تجاري إعلانات Google ، بينما تحقق الأنشطة التجارية

في المتوسط إيرادات بقيمة 2 دولار لكل دولارٍ إعلاني تنفقه.

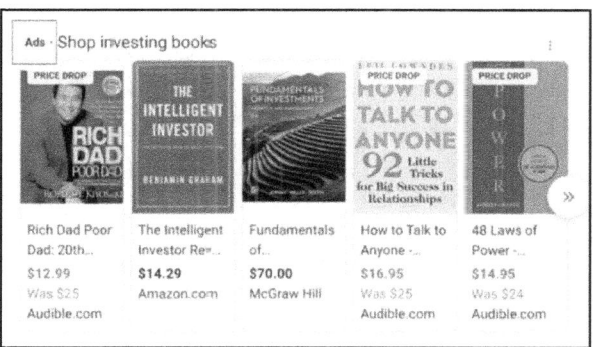

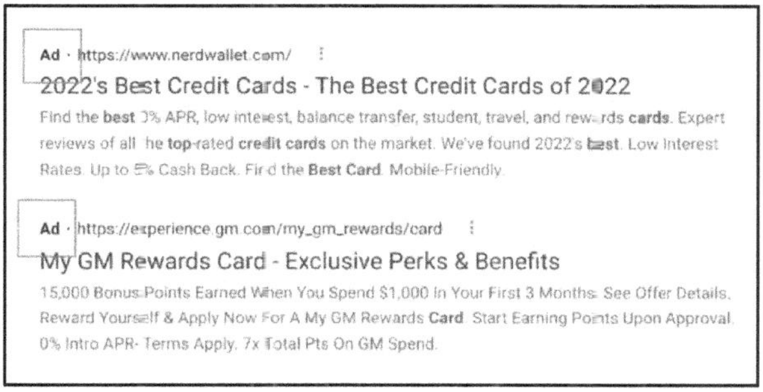

باختصار ، تعد إعلانات Google أداة قوية لجميع أنواع الأنشطة التجارية. المنصة مبنية على PPC، أو نموذج

الدفع بالنقرة. هذا يعني أنك تدفع فقط عند النقر على إعلانك - إذا نقر 1 من كل 100 شخص على الإعلان ، فأنت تدفع فقط مقابل نقرة واحدة ، وليس مائة مشاهدة (المعروفة باسم مرات الظهور). ضع المصطلحات التالية في الاعتبار ليس فقط عندما يتعلق الأمر بإعلانات Google ، ولكن جميع منصات إعلانات PPC:

- **A الكلمه الاساسيه** هي كلمة أو عبارة يبحث عنها المستخدمون الذين يشاهدون إعلانك.
- نسبة النقر إلى الظهور، والمعروفة باسم **الخطر** أو **سي تي دبليو**، هي نقرات مقسومة على مرات الظهور، أو عدد الأشخاص الذين نقروا على إعلانك مقابل عدد الأشخاص الذين شاهدوه (على سبيل المثال، إذا نقر واحد من كل مائة شخص على إعلان، فإن نسبة النقر إلى الظهور هي 1٪).

- **A محاوله** هو المبلغ الذي ترغب في دفعه مقابل كل نقرة. تعمل منصات الإعلانات مثل دور المزادات: نظرا لأن العديد من الأنشطة التجارية تتنافس على نفس الكلمات الرئيسية ، فإن الإعلان الذي حصل على أعلى عرض سعر فقط هو الذي يحصل على الموضع.[1]
- الخاص بك **الحزب الشيوعي الصيني**، أو تكلفة النقرة، هي تكلفة الإعلانات مقسومة على عدد النقرات.
- **عائد الإنفاق الإعلاني**، أو عائد الإنفاق الإعلاني، يعادل إجمالي قيمة التحويل (على سبيل المثال، الوحدات المباعة أو العملاء الذين تم إنشاؤهم) مقسوما على إجمالي التكاليف. إنه مشابه بهذه

---

[1] هذا تبسيط. التزم بها في الوقت الحالي ، ولكن ضع في اعتبارك أن الجودة مهمة ، وليس فقط سعر العرض.

الطريقة لعائد الاستثمار ، على الرغم من أن تضع في اعتبارك أنه يعتمد على الإيرادات مقسومة على التكاليف وليس الربح.

مع وضع هذه البنود في الاعتبار، انتقل إلى ads.google.com لبدء استخدام "إعلانات Google". لاحظ أن Google تمنح 500 دولار كرصيد إعلان مجاني للمستخدمين لأول مرة الذين ينفقون 500 دولار على الإعلانات.

بمجرد الاشتراك باستخدام البريد الإلكتروني للنشاط التجاري ، اتبع بعض خطوات الإعداد الموجزة. ستصل إلى صفحة "حان الوقت الآن لكتابة إعلانك".

عند كتابة نسخة ، ركز على إبقائها بسيطة. لديك مساحة محدودة ، لذا فكر في جمهورك المستهدف ورسالتك. قم

بتضمين عبارة تحث المستخدم على اتخاذ إجراء، وتأكد من توافق إعلاناتك مع ما سيواجهه المشاهدون عند النقر على الإعلان والتقدم في مسار التحويل. استخدم الدليل الاجتماعي ، وإذا كنت تنوي الإعلان محليا ، فأوضح أنك تخدم منطقة محلية معينة.

في الصفحة التالية ، اختر كلمات رئيسية محددة وذات صلة تتخيل أن شخصا مهتما بمنتجك أو خدمتك سيبحث عنها. بعد ذلك، حدد المواقع الجغرافية التي تريد عرض إعلانك فيها. إذا كنت تمثل نشاطا تجاريا له موقع فعلي ، فانتقل إلى موقع محلي للغاية. إذا لم يكن الأمر كذلك ، فاختر المناطق التي تمثل الديموغرافية التي تستهدفه.

أخيرا ، اختر ميزانية معقولة (ابدأ صغيرا ، ولكن ليس صغيرا بما يكفي بحيث يصعب قياس النتائج). بمجرد إضافة معلومات الدفع ، فأنت جاهز للانطلاق! ما عليك سوى التأكد من تطبيق عرض الائتمان بقيمة 500 دولار

أمريكي على حسابك (يمكن عرضه عند إضافة معلومات الدفع).

تتضمن خوارزمية "إعلانات Google" نقاط جودة في عروض الأسعار. لهذا السبب، قد تستغرق الحسابات والحملات الجديدة بعض الوقت للبدء والظهور - افهم أن هذا هو اكتشاف Google لجودة إعلانك، وليس أي خطأ من جانبك.

أثناء الاستمرار في استخدام "إعلانات Google"، ضع في اعتبارك الاستراتيجيات وأفضل الممارسات التالية:

- **عناوين وأوصاف اختبار A / B.** تدور اللعبة الإعلانية حول اختبار أكبر عدد ممكن من الإعلانات والكلمات الرئيسية بشكل معقول، وفرزها لتحديد أفضل أداء. ولإجراء ذلك، يمكنك

إجراء اختبارات A/B عن طريق إنشاء إعلانات جديدة تغير متغيرا واحدا فقط من الإعلانات الأفضل أداء. على سبيل المثال، إذا كان استهداف الأشخاص في كندا باستخدام عبارة البحث "شراء معدات الكاميرا" هو إعلانك الأفضل أداء، فجرب الإعلان باستخدام الكلمة الرئيسية نفسها في المملكة المتحدة. يعد اختبار الانقسام بهذه الطريقة بمرور الوقت ، بالإضافة إلى الطبقات على المجالات الديموغرافية ومجالات الاهتمام (على الأنظمة الأساسية الأخرى بالإضافة إلى Google) ، الصيغة المجربة والحقيقية لنجاح PPC على المدى الطويل.

- **تخلص من الكلمات الرئيسية والمواقع منخفضة الأداء بمرور الوقت.** من خلال اختبار الكثير من الكلمات الرئيسية وإزالة الكلمات الرئيسية الأقل

عائدا باستمرار ، ستصل إلى الإعلانات الأكثر ربحية والأقل تكلفة.

- **الإعلان على الكلمات الرئيسية للمنافسين.** إذا بحث الأشخاص عن منافسين يقدمون منتجات أو خدمات مماثلة لمنتجاتك أو خدماتك ، فمن المحتمل أن يكونوا مهتمين بمنتجاتك وخدماتك أيضا. لذلك ، ما عليك سوى إضافة أسماء منافسيك ككلمات رئيسية سيتم عرض إعلاناتك عليها. عند استخدام هذه الاستراتيجية ، ركز على ما يميزك عن المنافسة في العناوين والأوصاف.

لاحظ كيف يتم تنفيذ هذه الاستراتيجيات في عرض ترويجي لكتاب أقوم بتشغيله حاليا (أدناه). يعمل الإعلان بمعدل نقرة ظهور منخفض بنسبة 1٪ وتكلفة نقرة منخفضة مماثلة تبلغ 0.05 دولار أمريكي. بالنظر إلى أن ما يقرب من 3٪ من النقرات يتم تحويلها إلى عملية بيع ومتوسط الربح المستمد

من كل عملية بيع هو 3.5 دولار ، فإن الإعلان يحقق عائد إنفاق إعلاني للربح يبلغ 1.8 ، أو 1.8 دولار في إجمالي الربح لكل دولار يتم إنفاقه على الإعلان.

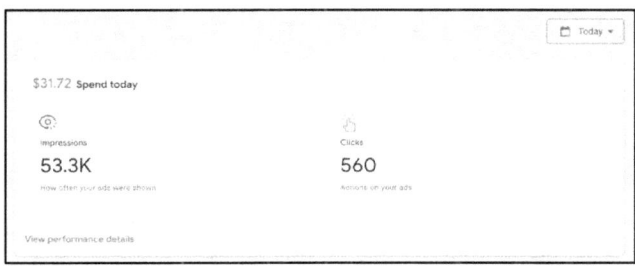

بالإضافة إلى هذه الاستراتيجيات الشاملة، إليك بعض الأدوات التي يمكن أن تساعدك في تحديد الكلمات الرئيسية وتحسين الإعلانات:

- **SEMrush**: بحث وتحليل قوي للكلمات الرئيسية.

- **SpyFu**: تتبع الكلمات الرئيسية وأبحاث المنافسين.
- **أجب على الجمهور**: شاهد ما يبحث عنه الأشخاص.
- **ClickStop**: منع الاحتيال فوق وانقر فوق المزارع.
- **Dashword**: تحسين نص الإعلان.

سأختتم بإعادة التأكيد على أن Google هي أكبر منصة إعلانية في العالم حتى الآن ، حيث ينقر مليارات المستهلكين على إعلاناتها. امنحها الوقت وافهم أن الربحية لا تعتمد فقط على الحظ عندما يتعلق الأمر بنجاح PPC ، بل على العمل الذي تضعه لتحسين الحملات.

إعلانات يوتيوب

بصفته موقع مشاركة الفيديو الرائد في العالم ، يسجل YouTube أكثر من ملياري زائر فريد شهريا. بالنسبة إلى إعلانات Google النصية ، يتيح لك YouTube الوصول إلى الجمهور بطريقة مرئية للغاية - وإذا تم إجراؤها بشكل صحيح ، فهي جذابة.

نظرا لأن Google تمتلك YouTube ، يمكن إعداد إعلانات YouTube على منصة إعلانات Google ، ويتيح لك YouTube الإعلان عن مقاطع الفيديو في نتائج

بحث Google.[2] سنركز على إعلانات الفيديو داخل منصة YouTube.

يمكن استخدام إعلانات YouTube لزيادة التفاعل وزيادة نمو المشتركين على قناة YouTube ، أو (كما هو أكثر شيوعا) لدفع المشاهدين إلى مسار التحويل للتفاعل في النهاية مع نشاط تجاري معين. في حملتي أدناه ، لاحظ CPV الرخيص ، أو تكلفة المشاهدة. بشكل أساسي ، مقابل حوالي 100 دولار ، تمكنت هذه الحملة من مضاعفة متوسط عدد مشاهدات القناة في ذلك الوقت ، وعرض الإعلان على ما يقرب من 300000 شخص بالقرب من النشاط التجاري وراء القناة ، وتوليد جذب كبير للمشتركين.

---

[2] بالإضافة إلى الإعلان عن الإعلانات النصية فقط داخل YouTube.

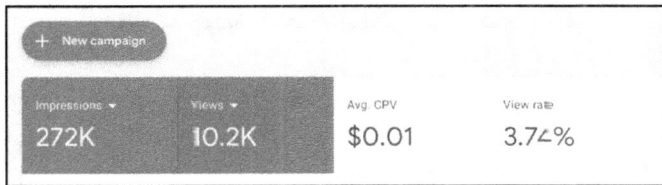

بدلا من ذلك ، لاحظ الحملة أدناه ، والتي تم تصميمها لإنشاء نقرات وجذب العملاء إلى موقع ويب. يمكن استخدام أي من هذه النماذج المتناقضة ، أو مزيج من الاثنين ، وفقا لأهداف استراتيجيتك الرقمية والاجتماعية.

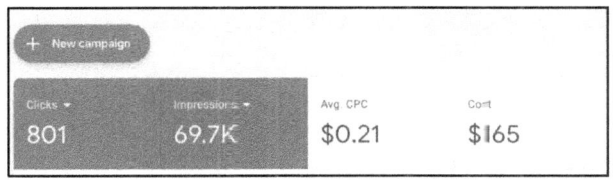

الآن ، لاحظ الأنواع المختلفة من إعلانات YouTube ، على النحو التالي:

إعلانات الفيديو القابلة للتخطي أثناء عرض الفيديو: يتم تشغيل هذه الإعلانات قبل (إعلان ما قبل التشغيل) أو أثناء تشغيل الفيديو (أثناء التشغيل) ويمكن تخطيها بعد خمس ثوان. كما هو الحال في نموذج PPC ، لا تدفع إلا إذا نقر المشاهد على الإعلان أو شاهد الفيديو بأكمله (إذا كان طوله أقل من ثلاثين ثانية) أو أول ثلاثين ثانية.

إعلانات الفيديو غير القابلة للتخطي أثناء عرض الفيديو نظرا لأن معظم مشاهدي YouTube يتخطون الإعلانات تلقائيا عند علامة الخمس ثوان ، يقدم YouTube إعلانات غير قابلة للتخطي أثناء عرض الفيديو.: لا يمكن للمستخدمين تخطي هذه الإعلانات، التي يمكن أن تصل مدتها إلى 15 ثانية، وتشغيلها قبل الفيديو أو أثناءه. ومع ذلك ، يفرض YouTube رسوما على مرات الظهور للإعلانات غير القابلة للتخطي ، بدلا من كل نقرة

أو لكل مشاهدة. لذلك ، يجب موازنة التكلفة المتزايدة للإعلانات غير القابلة للتخطي مقابل المشاركة المتزايدة.

الإعلانات أثناء التصفح: هذه الإعلانات تظهر بجانب نتائج البحث بدلا من قبل الفيديو أو أثناءه. على عكس المشاهدين الذين يشاهدون الفيديو مباشرة ، لديهم خيار النقر عليه وتوجيههم نحو الفيديو أو القناة المرتبطة. تسمح الإعلانات أثناء التصفح بثلاثة أسطر من النص بالإضافة إلى الفيديو، ولهذا السبب، فهي مفيدة للأنشطة التجارية التي لديها نسخة سريعة (خصة النصوص البرمجية للنسخ التي عملت بشكل جيد على منصات الإعلانات الأخرى) وتركيز أقل على نهج الفيديو فقط.

لإعداد حملة أولية، سجل الدخول إلى حسابك على "إعلانات Google" أو اشترك في ads.google.com (تجدر الإشارة إلى أن الرصيد

البالغ 500 دولار أمريكي (أو ما يعادله بالعملة المحلية) في حسابك على "إعلانات Google" يمكن أن ينطبق أيضا على "إعلانات YouTube".

انقر على "حملة جديدة". اختر هدفا للحملة، تماما كما تفعل عند إعداد إعلان Google، وعند تحديد نوع الحملة، تأكد من اختيار "فيديو".[3] قد تحتاج إلى إعداد تتبع التحويل ، وهو تكامل بسيط لموقع الويب ، اعتمادا على الهدف الذي تختاره.

بعد ذلك، حدد النوع الفرعي للحملة (أحد أنواع الإعلانات الموضحة أعلاه). تجاهل "خارج البث" و"تسلسل الإعلانات" في الوقت الحالي. اختر لغة الإعلان ، والمواقع التي تريد الإعلان فيها ، وهدف الحملة (الذهاب مع التحديد

---

[3] يمكنك أيضا الوصول مباشرة إلى صفحة إعداد إعلانات الفيديو عن طريق البحث في Google عن "إعلانات youtube".

التلقائي أمر جيد ، ولا حاجة لتعيين تكلفة مستهدفة لكل إجراء كمستخدم لأول مرة) ، وميزانيتك.

يمكنك الآن إنشاء جمهور مخصص يتضمن الخصائص الديمغرافية والاهتمامات وتجديد النشاط التسويقي (على سبيل المثال، المستخدمون الذين تفاعلوا بالفعل مع المحتوى أو موقع الويب الخاص بك). صمم جمهورك المخصص حول الجمهور المستهدف الذي حددته لعملك في قسم استراتيجية العلامة التجارية. تأكد من عدم الإفراط في التحديد ، وإلا فسيكون مدى وصول الإعلان محدودا. بالنسبة إلى "المواضع - إذا كنت جديدا في مجال الإعلان عبر الإنترنت ، فقم بإلقاء شبكة واسعة من خلال بضع عشرات من الكلمات الرئيسية والموضوعات والمواضع التي تناسب جمهورك المستهدف. ستقوم Google بذلك نيابة عنك استنادا إلى محتوى الفيديو الذي تعلن عنه ، بحيث يمكنك أيضا اختيار ترك المواضع ك "أي".

قد تحتاج إلى إضافة محتوى لإعلان بانر مصاحب - إذا كان الأمر كذلك ، فما عليك سوى السماح لـ Google بإنشائه تلقائيا نيابة عنك. أخيرا ، تأكد من اختيار عبارة قوية تحث المستخدم على اتخاذ إجراء وعنوانا للعرض أسفل إعلان الفيديو.

أنت الآن جاهز للنقر على "إنشاء حملة". من المفترض أن يبدأ عرض إعلانك في غضون ساعات قليلة. ضع هذه الاستراتيجيات والنصائح في الاعتبار أثناء متابعة تشغيل "إعلانات YouTube":

تأكد من ربط حسابك على "إعلانات Google" بقناتك على YouTube. للقيام بذلك ، انقر فوق "الأدوات والإعدادات" و "الإعداد" و "الحسابات المرتبطة".

اضبط إعلانات YouTube على غير مدرجة. يجب تحميل إعلانات YouTube إلى YouTube. إذا كنت تنوي استخدام مقاطع الفيديو للإعلانات ولكنك لا تريد نشرها على قناتك الرئيسية ، فما عليك سوى تعيين مستوى الرؤية على "غير مدرج" في إعدادات الفيديو. بالإضافة إلى ذلك، يمكنك تنزيل استوديو YouTube وتطبيقي "إعلانات Google" للحصول على إحصاءات أثناء التنقل.

في دراسة أجرتها Unskippable Labs ، تم العثور على إعلانات YouTube القابلة للتخطي لمدة 30 ثانية للحصول على أعلى معدل مشاهدة (VTR). أول خمس ثوان أو نحو ذلك هي الأكثر أهمية - ركز الإعلان على عرض القيمة أو العرض التقديمي أو الشعار أو العرض المقدم في تلك الفترة الزمنية الأولية.

تصميم الإعلانات خصيصا للعرض على الأجهزة الجوالة أو أجهزة كمبيوتر سطح المكتب. يجب أن تحتوي إعلانات عرض الجوال على نصوص كبيرة وواضحة وعناصر رسومية. يخصص سطح المكتب مساحة أكبر للعناصر الإبداعية وميزات التصميم.

الاستفادة من تجارب الحملات. تتيح تجارب الحملات الإعلانية (على غرار اختبار A / B على Facebook ، كما هو قادم) للمستخدمين نسخ الإعلانات وتغيير متغير واحد أو عدة متغيرات. يتيح لك ذلك اختبار مدى تأثير تغيير متغيرات معينة، مثل الكلمات الرئيسية أو الصفحات المقصودة أو الجماهير، على أداء الإعلان.

الجودة تفوز. وكذلك الأصالة. تمثل الجودة والأصالة نهجين متناقضين للإعلانات - على سبيل المثال ، إعلان يشبه Superbowl مع ممثلين مشهورين ، ومجموعات

معقدة ، وتأثيرات بصرية مقابل شخص يسجل على جهاز iPhone 6 في غرفة المعيشة الخاصة به. يعمل كلا الموضوعين - خذ بعض الوقت للتفكير في نوع موضوع الإعلان الشامل وأسلوبه الذي يناسب علامتك التجارية ويتواصل مع جمهورك بأفضل طريقة ممكنة. دائما ما يكون جلب المساعدة الخارجية لإنشاء إعلانات رائعة هو الخطوة الصحيحة.

تعلم من المنافسين ومن نفسك. إذا كان المنافسون الذين يقدمون منتجات أو خدمات مماثلة لمنتجاتك أو خدماتك يعرضون إعلانات YouTube لبعض الوقت ، فمن المحتمل أن يكون لديهم شيء ما قد اكتشف. استخدم إعلاناتهم كنقطة بيانات عند التفكير في كيفية تصميم إعلاناتك وحملاتك. بالإضافة إلى ذلك ، إذا وجدت نجاحا على منصات إعلانية أخرى ، فقم بدمج هذه الدروس المستفادة في عملية إنشاء إعلانات YouTube وتحسينها.

من الأفضل النظر إلى أنشطتك التسويقية المجمعة (خاصة بين منصات الإعلانات الرقمية) على أنها شبكة تتعلم بشكل كبير ما ينجح وما لا ينجح بمرور الوقت.

لقد قمنا الآن بتغطية إعلانات YouTube - التالي هو عملاق الإعلانات الاجتماعية.

فيس بوك اعلان

على الرغم من أن Google قد تكون منصة إعلانات محرك البحث (المتصفح) المثالية ، إلا أن Facebook هو النظام الأساسي الكلاسيكي لإعلانات الوسائط الاجتماعية. لدى Facebook ما يقرب من ثلاثة مليارات مستخدم نشط شهريا ، في حين أن متوسط معدل التحويل (CTR) لإعلانات Facebook يبلغ حوالي 9٪ ، وقال 41٪ من تجار التجزئة الذين شملهم الاستطلاع إن عائد النفقات الإعلانية الخاص بهم كان الأعلى على Facebook. يعد Facebook أيضا منصة إعلانية قوية من حيث أنه يوفر مجموعة من الأدوات للسماح

للمعلنين باستهداف الأشخاص الذين يسعون للوصول إليهم بدقة ، مثل من خلال الاهتمامات والسلوكيات والتاريخ وما إلى ذلك. في حين أن قابلية استهداف إعلانات Facebook قد انخفضت في الآونة الأخيرة بسبب مخاوف تتعلق بالخصوصية ، إلا أنها لا تزال تقدم أدوات استهداف قوية للغاية مقارنة بمعظم منصات الإعلانات الرئيسية.

يتم دمج إعلانات Facebook مع Instagram (نظرا لأن Facebook ، Meta سابقا ، تمتلك كلا من Facebook و Instagram) إلى الحد الذي يمكن فيه تشغيل الإعلانات التي تم إنشاؤها من خلال Facebook في وقت واحد على Instagram.

أخيرا ، يحتوي Facebook على "Meta pixel" (سابقا Facebook pixel) وهو جزء من التعليمات

البرمجية المضافة إلى موقع الويب الخاص بك. يتيح لك ذلك تتبع الإجراءات التي يتخذها العملاء من خلال إعلانات Facebook بشكل فعال لمراقبة التحويلات ومقاييس الحد الأدنى بشكل أفضل. يتيح لك بيكسل Facebook أيضا إعادة استهداف العملاء لاحقا ، حيث يتتبع إجراءاتهم بمجرد زيارتهم لموقعك على الويب ويجمع تلك البيانات لتحسين الإعلانات تلقائيا. يمكن حتى إعداد وحدات البكسل على موقع الويب الخاص بك حتى قبل البدء في استخدام إعلانات Facebook.

للقيام بذلك ، انتقل إلى "مدير الأحداث" ضمن "جميع الأدوات" في business.facebook.com. انقر فوق "توصيل مصادر البيانات" ، "الويب" ، ثم حدد "Meta Pixel". انقر على اتصال، ثم أدخل اسما وأدخل عنوان URL لموقعك على الويب. ستتمكن من الاتصال تلقائيا ب WordPress. إذا اخترت استخدام أي مزود موقع ويب

آخر غير WordPress ، فابحث عن برنامج تعليمي حول كيفية تثبيت البكسل يدويا في هذا النظام.

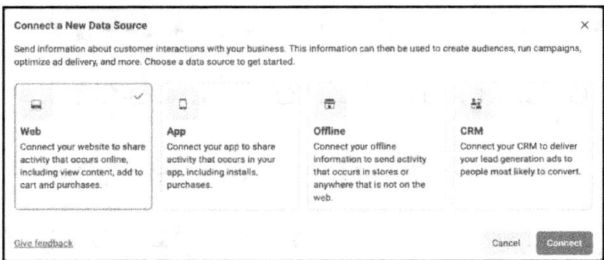

بمجرد دمج البيكسل، يمكنك إعداد الأحداث. الأحداث هي الإجراءات التي يتخذها الأشخاص على موقعك على الويب ، مثل شراء منتج أو الانضمام إلى قائمة بريد إلكتروني أو حجز اجتماع. على الرغم من أنه يمكنك إعداد الأحداث يدويا، إلا أنه من الأسهل القيام بذلك من خلال أداة إعداد الأحداث، والتي يمكن العثور عليها في مدير أحداث ميتا.

بعد تثبيت البيكسل بشكل صحيح وإنشاء الأحداث، دعنا نستكشف النظام الأساسي لإعلانات فيسبوك وإعداد الحملة.

تأكد من تسجيل الدخول إلى حساب الأعمال الخاص بك على فيسبوك. بعد ذلك ، قم بزيارة facebook.com/adsmanager/manage/campaigns ، والذي ينقلك مباشرة إلى مدير الإعلانات. تأكد من تنزيل تطبيق مدير إعلانات Meta لتحليلات الجوال.

بعد ذلك ، انقر فوق الزر "إنشاء" ضمن الحملات واختر هدف الحملة. تختار معظم الشركات الصغيرة المبيعات أو العملاء المحتملين أو الوعي. بمجرد اختيارك ، ستتم إعادة توجيهك إلى صفحة الحملة الجديدة. تعمل إعلانات Facebook على المستويات الثلاثة التالية:

الحملات حدد أهداف المستوى الأعلى لإعلاناتك، مثل الهدف، واجعل من السهل تجميع الحملات المختلفة حسب الغرض المحدد لها.

المجموعات الإعلانية هي مستوى واحد أقل من الحملات وتحدد جمهورا معينا يتم عرض الإعلانات عليه. هنا ، ستقوم أيضا بتعيين الميزانية والجدول الزمني وعروض الأسعار. أخيرا ، أ **الاعلان** هو ما يراه العملاء. على مستوى الإعلان، ستضيف نصا ومرئيات وزر دعوة لاتخاذ إجراء.

| Campaigns | Ad sets | Ads |

لذلك، يمكن أن تحتوي كل مجموعة إعلانية على إعلانات متعددة، ويمكن أن تحتوي كل حملة إعلانية على مجموعات

إعلانية متعددة. أثناء الإعداد، ستتم مطالبتك بإنشاء حملة إعلانية واحدة ومجموعة إعلانات واحدة وإعلان واحد.

بالعودة إلى شاشة إعداد الحملة، اختر اسما، واحتفظ بإيقاف تشغيل "اختبار A/B" (لأنه من الأسهل القيام بذلك في شريط أدوات مدير الإعلانات)، وقم بتشغيل "ميزانية الحملة المميزة" واضغط على التالي.

الآن ، في صفحة إنشاء المجموعة الإعلانية ، يمكنك تحديد الجمهور الذي تريد الوصول إليه. قم بتوصيل البيكسل وتشغيل "التصميم الديناميكي" وتعيين ميزانية. من الأفضل تقسيم ميزانيتك عبر العديد من الإعلانات (للانتقال في النهاية إلى الإعلانات الأفضل أداء) بدلا من إنفاقها كلها على إعلان واحد.

بعد ذلك ، اختر جمهورك. يمكن تخصيص الجماهير بناء على الموقع والعمر والجنس والاتصالات والمعلومات السكانية والاهتمامات واللغات والسلوكيات. مرة أخرى ،

تتعلق الإعلانات حقا بالتجريب ، لذا يجب أن تهدف إلى اختبار مجموعة متنوعة من الجماهير بمرور الوقت. في الوقت الحالي ، قم بتخصيص الجمهور للنوع العادي من العملاء الذين تخدمهم. لا تشعر بالحاجة إلى استخدام جميع خيارات الاستهداف - إذا لم تكن قاعدة عملائك متحيزة تجاه جنس معين ، على سبيل المثال ، اتركها ببساطة على أنها "جميع الأجناس". في حين أنه من الأفضل عادة الحفاظ على اختيار الجمهور محددا لتبدأ به ، تأكد من أن الجمهور الذي اخترته ليس صغيرا جدا. إذا لم يكن الأمر كذلك ، فلن تتمكن من إنشاء مرات ظهور كافية أو تحويلات ذات مغزى. استمر في تشغيل "ميزة الاستهداف التفصيلي" وتأكد من حفظ الجمهور لمزيد من الاستخدام واختبار A

B / اترك "هدف التكلفة لكل نتيجة" فارغا في الوقت الحالي. 4.

يمكنك الآن التقدم إلى صفحة إعداد الإعلان. تأكد من صحة حسابات Facebook و Instagram المتصلة. بعد ذلك ، اختر التنسيق ، ولاحظ أن "الرف الدائري" هو الأفضل لعرض صور أو مقاطع فيديو متعددة توضح بالتفصيل عروضك أو عملك.

إعلانات PPC للوسائط المخصصة هي الأفضل - كما هو الحال مع إعلانات YouTube ، يلاحظ الأشخاص رسومات وصور ومقاطع فيديو عالية الجودة. والأهم من ذلك ، أن الجميع تقريبا سوف ينتقلون على الفور إلى ما بعد

---

4 نظرا لأن لتكلفة لكل نتيجة تختلف اختلافا كبيرا ، فمن الأفضل تحديد هدف فقط بعد إنشاء خط أساس.

السيئين. ركز على البساطة والمرئيات الجذابة. كما هو الحال دائما ، تأكد من دمج عناصر استراتيجية علامتك التجارية.

عند تصميم إعلانك وكتابة نسخة ، فكر في عرض القيمة للإعلان - فأنت بحاجة إلى شيء لزج أو جذاب لدرجة أن الأشخاص سيحققون فيه بالتأكيد. قد يكون هذا خصما كبيرا أو منتجا فريدا أو خدمة محلية أو رسالة مؤلمة للقلب. مهما كان ، تأكد من توضيحه في العنوان والنص الأساسي والرسومات. مواصفات الإعلان هي كما يلي:

- **الإعلانات المصورة**: الحجم: 1200 × 628 بكسل. النسبة: 1.91: 1.
- **إعلانات الفيديو**: حجم الملف: 2.3 غيغابايت كحد أقصى. حجم الصورة المصغرة: 1200 × 675 بكسل.

- **الإعلانات الدوارة:** حجم الصورة: 1080 × 1080 بكسل.
- **إعلانات عرض الشرائح:** الحجم: 1,289 × 720 بكسل. النسبة: 2: 3 ، 16: 9 ، أو 1: 1.

تأكد من ملء الخيارات الخمسة الممكنة لنص العنوان والوصف (مرة أخرى ، اعمل للخلف لتحديد أفضل المؤدين من مجموعة بداية قوية). لا تذهب الكلمات الرئيسية الثقيلة أو تحاول أن تبدو مفرطة في clickbaity - فقط قم بتوصيل القيمة الخاصة بك.

أخيرا ، اختر زر دعوة لاتخاذ إجراء ذي صلة. بمجرد الانتهاء من ذلك ، تكون قد نجحت في إنشاء حملة إعلانية ومجموعة إعلانية وإعلان. كل ما تبقى هو النقر فوق نشر.

اتبع نفس الاستراتيجية الموضحة في قسم "إعلانات Google" لتقسيم ميزانيتك عبر العديد من الإعلانات والمجموعات، وإزالة الأداء المنخفض، واختبار "أ/ب" لأصحاب الأداء الأفضل، ومتابعة هذه العملية بمرور الوقت (أو إلى الحد الذي يخدم نشاطك التجاري على أفضل وجه). في النهاية ، إليك بعض النصائح السريعة التي يجب مراعاتها:

- إنشاء إعلانات Facebook Canvas - على الرغم من الجهد العالي في إنشائها ، فقد ثبت أنها تزيد من التفاعل.
- زيادة ظهور المنشور من خلال هدف "المشاركة".
- استفد من أداة "الجمهور المشابه".

- اختر وضع الإعلانات على سطح المكتب أو الجوال فقط (أيهما يناسب مسار التحويل الخاص بك بشكل أفضل).

هذا يختم إعلانات الفيسبوك. لاحظ أن تغييرات الخصوصية تجبر Facebook على تحديث آليات التتبع الخاصة به في كثير من الأحيان. سيتم تحديث هذا الكتاب كل عام لِيعكس الظروف الحالية بأكبر قدر ممكن من الدقة ولكن مع فهم أن عملية الإعداد قد تختلف بمرور الوقت.

إعلانات انستغرام

يتم عرض إعلانات فيسبوك تلقائيا على Instagram. يتعلق هذا القسم بميزة "المنشورات المروجة" على Instagram، مما يتيح للمستخدمين الترويج لمنشورات Instagram كما لو كانت إعلانات. تعد إعلانات Instagram طريقة رائعة لزيادة التعرض واكتساب متابعين بسرعة على Instagram.

للترويج لمنشورات، سجل الدخول إلى حساب Instagram (احترافي) للنشاط التجاري. انتقل إلى "أدوات الإعلان" وانقر على "اختيار مشاركة". اختر المنشور الذي تريد الترويج له—إذا لم تكن قد ربطت حسابك على Instagram بعد بصفحة فيسبوك الخاصة بنشاطك التجاري، فقد حان الوقت الآن.

بعد ذلك ، حدد هدف الإعلان ، وخصص الجمهور الذي تريد الوصول إليه ، واختر ميزانيتك. سيبدأ عرض إعلانك قريبا، وابق على اطلاع دائم بالتحليلات إما من خلال زر التحليلات في كل منشور أو زر "أدوات الإعلان".

إذا كان لديك متجر Instagram مرتبط بصفحتك، فيمكنك الإشرة إلى منتجاتك في منشور، ثم ترويج هذا المنشور لتضمينها في إعلان.

على الرغم من أنه من غير المحتمل أن تقدم إعلانات Instagram نتائج غير متماثلة مقارنة بمنصات مثل Google أو Facebook ، إلا أنها مستقرة ومتسقة بشكل ملحوظ في النتائج التي تقدمها ، وكما هو مذكور ، فهي طريقة رائعة لزيادة التعرض وزيادة عدد المتابعين.

ضع في اعتبارك التحليلات من ترقية ما بعد صغيرة من الألغام. ولدت 200 دولار من الإنفاق الإعلاني حوالي 1,400 إعجاب و 70 مشاركة و 5,881 زيارة للملف الشخصي ، والتي تحولت إلى عدة مئات من المتابعين الجدد. على حساب صغير نسبيا ، كان هذا بمثابة دفعة كبيرة لنمو الصفحة وعرض المنشور.

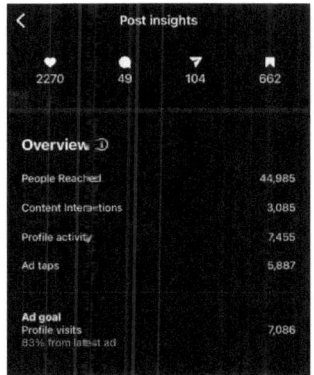

لسوء الحظ ، لا يقدم Instagram حليا مكافآت لمستخدمي إعلانات Instagram لأول مرة. إذا كنت ترغب في الحصول على رصيد لإنشاء إعلان من خلال Facebook يمكن مشاركته على Instagram (بدون ميزة المشاركة والتعرض للترويج لمنشور) ، فارجع إلى قسم إعلانات Facebook.

لقد قمنا لأن بتغطية منصات الإعلانات الرئيسية: Facebook و Instagram و Google و YouTube. سنستكشف الآن المستوى الثاني من منصات

الإعلانات: Nextdoor و TikTok و Pinterest و Snapchat و Amazon.

إعلانات نكستدور

تمت كتابة هذا القسم بنظرة ثاقبة من Blake Martin ، الذي استخدم Nextdoor Ads لتنمية أعماله في مجال الرسم على 'لرصيف إلى ربح من ستة أرقام كطالب في المدرسة الثانوية. المجاور هي أداة قوية للتواصل وتوليد العملاء المحتملين للشركات التي تخدم العملاء المحليين.

يضم Nextdocr 70 مليون مستخدم ، ويستفيد من المجتمع لمساعدة الشركات على النمو - في الواقع ، يتسوق

88% من الأشخاص في شركة محلية مرة واحدة على الأقل في الأسبوع ويقول 44% إنهم على استعداد لإنفاق المزيد في الشركات المحلية. لذا ، فإن الاستفادة من Nextdoor كمكبر صوت للوصول إلى مجتمعك المحلي من خلال الإعلانات والمحتوى العضوي أمر حتمي للغاية للشركات التي لها مواقع فعلية أو تخدم مجتمعا محليا.

سندرس العديد من تقنيات التوعية التي ثبت أن لها تأثيرا مفيدا على العديد من الشركات الصغيرة. يجب على جميع الشركات إعداد صفحة أعمالها ومشاركة منشور أولي يقدم أعمالهم على منصة Nextdoor ؛ إذا كان نشاطك التجاري يقدم عناصر منخفضة التكلفة ويستفيد أكثر من قاعدة عملاء محلية متكررة ، فإن نشر المحتوى العضوي بانتظام يعد استراتيجية أساسية (بالنسبة إلى الإعلان ، والتي سنستكشفها أكثر).

ضمن المنشور الأولي ، اتبع إما تنسيق بيع *نفسك* أو طريقة *بيع عميلك*. طريقة *بيع نفسك* كلاسيكية ، لكنها فعالة على الرغم من ذلك. ابدأ بتقديم عملك إلى المجتمع بطريقة أنيقة (قم بدمج قصتك قدر الإمكان) ثم اذكر ما يميزك كنشاط تجاري بالنسبة للآخرين داخل مجتمعك (قم بتضمين العناصر المرئية ذات الصلة). كمثال على السطر الأول: "مرحبا ، اسمي دايغان. أنا مصنف شعر في سان فرانسيسكو متخصص في حل تساقط الشعر ".

لدى Nextdoor جمهور أقدم من تطبيق الوسائط الاجتماعية النموذجي ، لذلك برز Daegan من خلال توفير حل لمشكلة شائعة بين التركيبة السكانية الأكبر سنا. يعتمد تكرار هذا في عرض Nextdoor الخاص بك على المكان الذي تعيش فيه - ما عليك سوى تحليل الفئات العمرية والتركيبة السكانية في مجتمعك.

ضمن المنشور ، قم أيضا بتضمين أسعار منتجك / خدمتك وإغلاقها بمعلومات الاتصال وموقع المتجر (إذا كان ذلك مناسبا) ، بالإضافة إلى الخصومات أو المكافآت. يمكنك التفكير في هذا الأولي

تنسيق المنشور الثاني ، المسمى *طريقة بيع عميلك* ، يدور حول جعل عميلك يفكر في الفوائد التي سيختبرها من منتجاتك أو خدماتك. على سبيل المثال ، على عكس Daegan الذي يصف نشاطه التجاري ببساطة ، يمكنه نشر صورة قبل وبعد علاج تساقط الشعر. من خلال وصف عميل منتظم وكيف يحل مشاكله ، سيتفاعل الأشخاص الذين يتناسبون مع ملف تعريف العميل المستهدف بقوة - في جوهره ، اجعل المشاهد يفكر فيما يمكن أن يفعله منتجك / خدمتك لهم من خلال الإشارات المرئية والشهادات واللغة الجذابة.

الأهم من ذلك ، تأكد من أن مشاركاتك تحكي قصة. في Nextdoor ، لا تريد أن تبدو كإعلان عام ، ولكن في الوقت نفسه ، لا تجعل عملك يبدو وكأنه هواية. بدلا من ذلك ، أخبر قصة ذات صلة ومهنية وجذابة تنتهي بدعوة للعمل. تأكد من التفاعل بمجرد مشاركة المنشور - فالرد على التعليقات يقطع شوطا طويلا في تقوية الاتصالات.

باختصار ، ستندهش من التأثير الذي يمكن أن يحدثه منشور Nextdoor قوي واحد على عملك. تميل تطبيقات مثل Nextdoor إلى تجسيد تأثير كرة الثلج - إذا انفجر منشورك ، فسيشعر الجميع داخل المجتمع بأنهم ملزمون بإعطاء عملك فرصة ، مدفوعا ب FOMO والرغبة في دعم رواد الأعمال المحليين.

بالإضافة إلى المحتوى العضوي ، يعد الإعلان عبر Nextdoor أداة قوية مثالية للشركات التي تبيع سلعا أو

خدمات عالية التكلفة. لاحظ أن إعلانات Nextdoor لا تعمل على نموذج PPC - بدلا من ذلك ، تدفع مقدما ، وتختلط الإعلانات مع المحتوى العضوي في علامة التبويب "الصفحة الرئيسية" في Nextdoor. نظرا لأن Nextdoor يعرض للمستخدمين عددا قليلا نسبيا من الإعلانات مقارنة بمعظم المنصات الاجتماعية الأخرى ، فعادة ما تكون التحويلات أفضل حتى لو كان التتبع والتحليلات أسوأ.

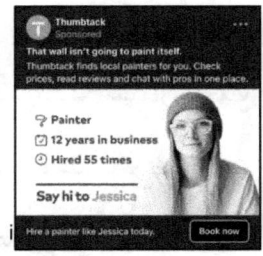 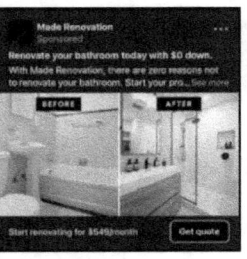

للبدء ، قم بزيارة business.nextdoor.com. انقر فوق "المطالبة بصفحة عملك المجانية" وتأكد من تسجيل

الدخول باستخدام حساب Nextdoor الشخصي الخاص بك. أدخل الاسم والعنوان والفئات (اختر متعددة!) للنشاط التجاري. عند النقر فوق "إنشاء صفحة" ، سيتم توجيهك إلى صفحة إنشاء الإعلانات. اختر هدفا لحملتك: "الحصول على المزيد من الرسائل المباشرة" هو الأفضل للشركات التي تبيع سلعا عالية التكلفة أو تلك المبنية على الجيل الرئيسي ، و "زيادة زيارات موقع الويب" هو الأفضل لنشاط تجاري يبيع مجموعة من المنتجات عبر الإنترنت ، و "الترويج لعملية بيع أو خصم" هو الأفضل ، كما قد يتم تخمينه ، عندما يكون لديك بيع قوي أو حافز للترويج. بناء على هدف الحملة الذي تختاره، أكمل الخطوة التالية من خلال أحد الخيارين:

احصل على لمزيد من الرسائل المبشرة. اكتب بعض المطالبات المخصصة التي توضح بالتفصيل الأسئلة

الشائعة والأسئلة التي من المحتمل أن يطرحها العملاء المحتملون. املأ ما لا يقل عن ثلاثة ولا يزيد عن سبعة.

الترويج لعملية بيع أو خصم وزيادة زيارات الموقع. بالنسبة إلى محتوى الإعلان، ركز على مدى الصلة والتفرد. حدد أهم نقاط البيع والشعارات من قسم هوية العلامة التجارية (للعنوان) ، واستخدم الاستطلاعات والإحصاءات والشهادات كدليل اجتماعي (للصورة). تأكد من انتقال رابط النقر إلى الظهور إلى صفحة مقصودة محسنة وأن زر الحث على اتخاذ إجراء يتناسب مع الصفحة المقصودة.

بعد ذلك ، ضع في اعتبارك المنطقة التي تتطلع إلى تسويق إعلاناتك طوال الوقت. للقيام بذلك ، قم بتحليل المكان الذي يعيش فيه عملاؤك الحاليون ، وكيف يعثرون عليك ، وإلى أي مدى سيكونون على استعداد للقيادة لمنتجك أو خدمتك.

عادة ما يكون البدء محليا والتوسع بمرور الوقت هو السبيل للذهاب.

أخيرا ، قم بتعيين الميزانية ، وانقر فوق نشر. نظرا لأن إعلانات Nextdoor لا تستند إلى نموذج PPC ، فإن ترقية الحملات الإعلانية وتحسينها بمرور الوقت هي إلى حد كبير مسألة تشغيل العديد من الإعلانات منخفضة التكلفة (3 دولارات - 10 دولارات في اليوم) ونقل الإنفاق الإعلاني بمرور الوقت نحو أفضل أداء.

لقد فعلت Nextdoor حقا المعجزات لعملي ، وأنا أؤمن إيمانا راسخا بأنها يمكن أن تفعل الشيء نفسه للعديد من الشركات التي تعتمد على مجتمعها المحلي للنمو والازدهار. ربما يكون جارك أفضل عميل لك بعد كل شيء!

إعلانات تيك توك

تيك توك اجتاحت عالم الإعلانات مؤخرا ، ويتحدث العديد من البائعين عبر الإنترنت عنه على أنه اندفاع ذهبي. تعمل إعلانات TikTok بشكل أفضل مع الشركات التي تتطلع إلى استهداف الجماهير التي تقل أعمارهم عن 30 عاما بالمنتجات أو الخدمات التي يتم تقديمها عبر الإنترنت (على سبيل المثال ، لا تحاول الإعلان محليا على TikTok). يتم توزيع إعلانات TikTok عبر تطبيقات أخرى في شبكة TikTok ، ولا سيما Pangle و BuzzVideo. جميع إعلانات TikTok قصيرة الشكل وموجهة رأسيا. يعمل القصير للغاية بشكل أفضل ، لذلك تحت علامة 15 ثانية (على الرغم من أن الأقصر غالبا ما يكون أفضل). جذابة بصريا ، وكذلك الرسائل لكمة ، أمر لا بد منه.

عند إعداد حملتك الأولى ، ستتم مطالبتك ضمن "إنشاء جديد" باختيار مواضع الإعلانات: يمكنك إما اختيار الموضع التلقائي ، حيث يختارك TikTok . أو الانتقال يدويا وتحديد المكان الذي تريد عرض إعلانتك فيه. من الأفضل في البداية إما استخدام المواضع التلقائية أو اختبار مجموعة متنوعة من المواضع اليدوية بميزانية محدودة. يمكنك بعد ذلك إنشاء جماهير مخصصة كما تفعل على Facebook (لاحظ أن "المجموعات الإعلانية" في TikTok تعادل "المجموعات الإعلانية" على Facebook). لاحظ أن TikTok يحتوي على بكسل مشابه لبكسل Facebook.

كملاحظة أخيرة ، لا أوصي بدفع مقاطع فيديو TikTok كإعلانات لمجرد زيادة التعرض وزيادة عدد المتابعين. ليس من الصعب النمو على TikTok من خلال المحتوى العضوي مقرنة بكل منصة اجتماعية أخرى تقريبا ، كما

أن الوصول إلى أي مكان قريب من التعادل من خلال الإعلانات المصممة لزيادة التعرض أمر غير قابل للتصديق. لقد عملت مع شركة واحدة كانت تضع آلاف الدولارات في إعلانات TikTok لهذا الغرض بالضبط - حسابها ، على الرغم من التحقق منه ووجود فريق اجتماعي كبير ، ركض على الأرض ولم يجمع سوى بضع مئات الآلاف من الإعجابات ، مما ترجم إلى أقل من 10 آلاف متابع وخسارة شبه كاملة من حيث عائد النفقات الإعلانية.

بدلا من ذلك ، استفد من إعلانات TikTok داخل الخلاصة لتشجيع المستخدمين على زيارة صفحة مقصودة. انطلق في getstarted.TikTok.com.

إدنووت

هناك حيث تذهب! هذه هي مقدمة البداية السريعة لمنصات الإعلان الستة المهيمنة للدفع مقابل النقرة. لم نغطي كل شيء ، لكننا غطينا الأساسيات التي تمنحك القدرة على البدء فورا في استخدام هذه المنصات بنجاح ، واستخدام هذا النص كنقطة انطلاق لمزيد من التعلم.

مع ذلك ، حظا سعيدا في استخدام الإعلانات المدفوعة لتنمية عملك. نحن نشجعك!

---

1 المجاور: التجديد المصنوع ، دبوس الإبهام

www.ingramcontent.com/pod-product-compliance
Lightning Source LLC
La Vergne TN
LVHW012036060526
838201LV00061B/4632
* 9 7 9 8 8 6 9 3 2 0 4 3 8 *

www.ingramcontent.com/pod-product-compliance
Lightning Source LLC
La Vergne TN
LVHW012037060526
838201LV00061B/4651
* 9 7 9 8 8 6 9 3 8 8 8 5 8 *